VEGAN DETOX

Gerda Maria Pum

NEUN ZEHN

Morgens

Mittags

Abends & Snacks

Goodies

Getränke & Smoothies

Was bedeutet Detox?

Detox bedeutet, den Körper von Innen zu reinigen. Wir müssen leider immer wieder feststellen, dass wir uns von Zeit zu Zeit einfach nicht mehr wohl fühlen in unserer Haut – wir sind müde und schlapp, weniger konzentrations- und leistungsfähig, körperlich schwach und wenig belastbar. Sei es, weil wir zu wenig auf gesunde und ausgewogene Ernährung achten oder der Alltagsstress uns einfach an unsere Grenzen bringt. Dies führt wiederum dazu, dass wir uns zu wenig Zeit dafür nehmen, auf unsere Ernährung zu achten und unserem Körper durch Speisen neue Energie zuzuführen. Um diesen Kreislauf zu unterbrechen, sollten wir unserem Körper immer wieder eine kleine Auszeit gönnen. Eine Detox-Kur ist eine wunderbare Möglichkeit, den Körper zu entgiften bzw. zu entschlacken. Schadstoffe werden aus dem Körper geleitet und unsere Organe, die vornehmlich für den Stoffwechsel verantwortlich sind, können sich erholen. Dies führt wiederum dazu, dass der Körper deutlich mehr Energie zur Verfügung hat. Detox ist, bildlich gesprochen, ein Kurzurlaub für unseren Körper. Der Weg zu mehr Wohlbefinden führt über das bewusste Essen. Mit bestimmten Nahrungsmitteln fördern und unterstützen wir diesen Prozess und können so neue (Lebens-) Energie gewinnen.

Das kleine Detox-Einmaleins

• Detox wird fast immer zeitlich begrenzt als Kur in den kulinarischen Alltag eingebaut. „Alles kann, nichts muss!", lautet die Devise. Wichtig ist, dass Sie sich bereits während des Entschlackens wohlfühlen, in dem Bewusstsein, sich etwas Gutes zu tun. Dennoch sollte man sich an ein paar Dinge halten, um den positiven Effekt dieser Kur zu optimieren.

• Essen Sie viel Obst und Gemüse und ergänzen Sie Ihre Speisen durch besondere Detox-Superfoods.

• Einige Lebensmittel sollten während einer Detox-Kur nicht auf Ihrem Speiseplan stehen: Weizenprodukte und Zucker sollten Sie nicht zu sich nehmen, um zu starke Schwankungen des Blutzuckerspiegels zu vermeiden. Verwenden Sie Vollkornprodukte in Maßen und süßen Sie mit Agavendicksaft.

• Achten Sie darauf, Ihr Essen aus frischen Produkten zuzubereiten, denn Fertigprodukte beinhalten fast immer Geschmacksverstärker und Zusatzstoffe, die den Detox-Effekt vermindern.

• Während einer Detox-Kur sollten Sie auf Kaffee, Nikotin und Alkohol verzichten. Diese Genussmittel belasten den Körper.

• Salz sollte in Maßen verwendet werden, denn es speichert das Wasser in unserem Körper. Sehr basisch ist Himalaya-Salz.

• Trinken Sie viel, besonders Wasser und ungesüßte Tees (z. B. Pfefferminze, Ingwer)

• Auch grüne Smoothies zählen zu den Detox-Geheimwaffen. Mit ihrem hohen Anteil an gesunden sekundären Pflanzenstoffen und Chlorophyll helfen sie dem Körper beim Entschlacken. Wenn Ihnen der Geschmack zu Beginn der Kur noch nicht zusagt, ersetzen Sie einfach die Hälfte der Gemüsemenge in den Rezepten durch Früchte. Erhöhen Sie dann langsam den Gemüseanteil.

So entgiften Sie richtig!

Wählen Sie für Ihre Detox-Kur einen Zeitraum von ein bis zwei Wochen und beginnen Sie damit, wenn Ihr Terminplan nicht übervoll ist. Setzen Sie sich nicht unter Druck. Detox bedeutet auch Entspannung und Wohlfühlen – Zwang ist daher absolut kontraproduktiv. Es gibt viele Möglichkeiten, eine Detox-Kur zu starten und durchzuführen. Die Kur ist meist in verschiedene Phasen eingeteilt. Als einfacher, aber effektiver Leitfaden könnte diese Viertel-Einteilung helfen:

Erste Phase der Detox-Kur: Suppen- und Safttage

Starten Sie die ersten zwei bis drei Tage mit basischer Nahrung, um Ihren Körper zu entsäuern. Hierzu eignen sich zum Frühstück besonders gut Smoothies mit einem hohen Anteil an grünem Gemüse. Bereiten Sie sich einen großen Topf von unserer basischen Gemüsesuppe zu (das Rezept finden Sie auf Seite 60) oder wählen Sie eine der anderen Suppen aus dem Rezeptteil.

Zweite und dritte Phase der Detox-Kur: Gemüse- und Obsttage

Erweitern Sie Ihren Ernährungsplan mit fester, basischer Kost für einen Zeitraum von fünf bis sechs Tagen. Es gilt also, viel Gemüse und Obst zu essen und dabei auf Zucker, Weizenmehl und Kaffee zu verzichten. Auch Vollkornprodukte sollten nur in Maßen eingenommen werden. Genießen Sie die köstlichen, pflanzlichen Rezepte voller Antioxidantien und Detox-Lebensmittel aus diesem Buch. Natürlich sind auch weiterhin grüne Smoothies und Suppen perfekt, um weiter zu entgiften.

Vierte Phase der Detox-Kur: Überleitung

Für den Übergang zu Ihrem alltäglichen Speiseplan finden Sie neben der Obst- und Gemüseküche auch Vollkorngerichte in diesem Buch, jeweils in Kombination mit Detox-Lebensmitteln. Diese helfen nicht nur Ihrem Darm beim Verdauen, sondern schmecken auch so gut, dass Sie diese vielleicht auch in ihren täglichen Speiseplan aufnehmen wollen. Verzichten Sie, wenn möglich, weiterhin auf Zucker und Weizenmehl.

Während der gesamten Detox-Kur ist es besonders wichtig, viel zu trinken, besonders Wasser und ungezuckerte Kräutertees. Für die gesamte Detox-Kur gilt: möglichst kein Alkohol und kein Kaffee! Begleiten Sie Ihre Detox-Kur mit Massagen, Dampfbädern und Saunabesuchen oder leichten Yoga-Einheiten.

10 Detox-super-Lebensmittel

• Gojibeeren: Die hellroten, getrockneten Beeren sind richtige kleine Superbeeren. Sie sind reich an Antioxidantien und sekundären Pflanzenstoffen.

• Ingwer: Diese Wurzel hat es in sich. Mit ihrem intensiven scharfen Aroma macht sie sich sehr gut in Mahlzeiten, aber auch in Getränken. Ingwer kurbelt den Stoffwechsel an und hat einen positiven Einfluss auf die Durchblutung, was wiederum den Detox-Effekt steigert.

• Chili: rot, scharf, feurig! Die Wirkungsweise von Chili unterstützt den Detox-Effekt: Nicht nur bringt sie die nötige Würze in unsere Mahlzeiten, sie regt gleichzeitig unsere Verdauung und unseren Stoffwechsel an, was auch zu einem rascheren Abtransport von Giftstoffen führt.

• Granatapfel: Diese Frucht enthält viele Vitamine, Eisen und Kalzium, die über unseren Blutkreislauf unseren Körper stark machen. Die im Granatapfel enthaltenen sekundären Pflanzenstoffe wirken entzündungshemmend.

• Zitrone: Die Zitrusfrucht ist basisch, reich an Vitamin C und Kalium. Mit diesen Eigenschaften ist sie gut für unseren Säure-Basen-Haushalt, stärkt unser Immunsystem, reguliert unseren Blutdruck und regt unsere Gehirn- und Nervenfunktion an. Zitronen stärken außerdem durch ihre Flavonoide die Leber und aktivieren so die Entgiftung.

• Knoblauch: Das Lauchgewächs wird als Gewürz- und Heilpflanze eingesetzt. Reich an Vitaminen und Mineralstoffen, aktiviert diese Knolle die Enzyme in der Leber, treibt somit den Stoffwechsel an und hilft beim Entgiften.

• Grapefruit: Die bittere Zitrusfrucht hat einen sehr positiven Einfluss auf Magen und Darm und hilft, den Cholesterinspiegel zu senken. Reich an Vitaminen, besonders an Folsäure und Vitamin C, unterstützt sie unser Immunsystem.

• Rote Bete: Diese Rübe hat wichtige Vitamine, Mineralien und sekundäre Pflanzenstoffe zu bieten. Ihr wird eine positive Wirkung in Bezug auf zahlreiche Erkrankungen nachgesagt, sie optimiert den Fettstoffwechsel, die Durchblutung und wirkt reinigend auf Leber und Darm.

• Artischocke: Sie ist kalorienarm, jedoch voller wichtiger Nährstoffe, die Leber und Galle unterstützen und den Stoffwechsel und die Verdauung anregen.

• Quinoa: Mit seinem hohen Eiweißgehalt ist das Pseudogetreide ein wunderbarer Eiweißlieferant bei einer Detox-Kur.

Ihr Detox-10-Tage-Programm

Falls Sie Anregungen benötigen, wie Sie 10 Detox-Tage gestalten können, finden Sie hier einen Beispielplan. Natürlich können sie ihn immer nach Ihren Vorstellungen und Wünschen variieren, ergänzen oder der abändern.

Tag	Morgens	Mittags	Abends & Snacks	Goodies
1	Rucola-Avocado-Smoothie /S.73	Basische Gemüsesuppe /S.60	Basische Gemüsesuppe /S.60	Ingwer-Limetten-Tee /S.75
2	Gurken-Sellerie-Smoothie mit Leinsamen /S.76	Basische Gemüsesuppe /S.60	Basische Gemüsesuppe /S.60	Grapefruit-Karotten-Smoothie /S.71
3	Feigen-Birnen-Joghurt /S.20	Kürbiswedges mitApfel-Meerrettich-Dip /S.26	Apfel-Rettich-Salat /S.46	Gojibeeren-Nuss-Traum /S.66
4	Gojibeeren-Brei mit Apfel-Topping /S.16	Quinoa-Risotto mit gebratenem Fenchel /S.36	Tomaten-Kürbis-Gazpacho /S.54	Zitronengras-Eistee /S.78
5	Power-Nuss-Müsli /S.18	Karotten-Gratin mit frischen Kräutern /S.24	Süßkartoffel-Minz-Suppe /S.44	Açaibeeren-Lassi /S.74
6	Beeren-Vitaminkick-Smoothie /S.77	Wirsing-Oliven-Pfanne /S.38	Wurzelcarpaccio /S.52	Kokoswasser-Superdrink /S.72
7	Porridge mit Granatapfel und Nüssen /S.10	Wildreis mit Schmorgemüse und Gewürzapfel /S.34	Spargel-Salat mit Radieschen /S.56	Kokospudding mit Mango und Dattelglasur /S.62
8	Beeren-Müsli /S.12	Rotes Curry mit Schwarzwurzeln /S.42	Fenchel-Petersilien-Suppe mit Passionsfrucht-Topping /S.50	Himbeer-Limetten-Sorbet /S.64
9	Mehrkernknäckebrot mit warmen Paprika-Papaya-Würfeln/S.22	Grünkernbuletten mit Kräuterdip /S.30	Linsen-Grapefruit-Salat /S.48	Schoko-Chia-Cupcakes mit Früchten /S.68
10	Amaranth-Pfannkuchen mit Aprikosenkompott /S.14	Pikante Hirseküchlein mit Gemüse-Obst-Mousse /S.28	Misosuppe /S.58	Pfeffriger Erdbeer-Pfirsich-Smoothie /S.70

Porridge mit Granatapfel und Nüssen

Der Granatapfel wächst als kleiner, sommergrüner Baum. Seine Früchte sind reich an Antioxidantien, Mineralstoffen und Spurenelementen. Dem Granatapfel wird eine vorbeugende Wirkung hinsichtlich Gefäß- und Krebserkrankungen nachgesagt. Sogar die mögliche Verminderung von Wechseljahrbeschwerden wird diskutiert.

950 ml Wasser
1 Prise Salz
150 g Haferflocken
3 EL Cranberries, getrocknet
1 EL Ahornsirup
70 g Macadamianüsse, gehackt
1 Granatapfel
Zimt

1. Das Wasser mit dem Salz aufkochen, die Haferflocken dazugeben und einrühren. Die Hitze stark verringern und den Brei unter ständigem Rühren ca. 7 Minuten köcheln lassen.

2. Vom Herd nehmen, die Cranberries und den Ahornsirup untermengen.

3. Die Nüsse in einer beschichteten Pfanne ohne Fett anrösten.

4. Die Granatapfelkerne aus der Frucht lösen und von den weißen Häutchen befreien (Vorsicht, Spritzgefahr!). Die Hälfte der Granatapfelkerne zu dem Brei geben und unterrühren.

5. Auf vier Schälchen verteilen und mit den restlichen Granatapfelkernen und den gehackten Nüssen bestreuen.

6. Mit Zimt bestäuben.

Beeren-Müsli

Bei einer Detox-Kur sollte möglichst auf Weizenprodukte verzichtet werden. Dinkelflocken oder Haferflocken sind tolle Alternativprodukte.

700 ml Mandelmilch
100 ml Mandel-Cuisine
1 EL Agavendicksaft
1 Messerspitze Vanille
4 Datteln (alternativ 2 Medjoul-Datteln)
200 g Dinkelflocken (alternativ Haferflocken)
50 g Mandelstifte
Saft einer Zitrone
150 g Himbeeren
150 g Blaubeeren

1. Die Mandelmilch, die Mandel-Cuisine, den Agavendicksaft und die Vanille in einer Schüssel gut verrühren.

2. Die Datteln entsteinen, klein würfeln und mit den Dinkelflocken zusammen unter die Mandelmilchmischung rühren.

3. Im Kühlschrank mindestens 12 Stunden durchziehen lassen.

4. Die Mandelstifte in einer beschichteten Pfanne ohne Öl rösten und auskühlen lassen.

5. Das gekühlte Müsli gut durchmischen, mit Zitronensaft und den Beeren vermengen.

6. Mit den Mandelstiften bestreuen und genießen.

Amaranth-Pfannkuchen mit Aprikosenkompott

Pfannkuchen:
20 g Leinsamen, gemahlen
350 ml Mandelmilch
1 Prise Salz
120 g Amaranth, fein gemahlen
2 EL Maisstärke (alternativ Pfeilwurzelstärke)
½ TL Vanille
etwas Pflanzenöl für die Pfanne

Kompott:
500 g Aprikosen
1 Zitrone
1 kleine Zimtstange
2 Stängel Zitronenmelisse
1,2 l Wasser
Agavendicksaft nach Geschmack

Füllung:
100 g Cashewkerne, über Nacht in Wasser eingeweicht
½ TL Vanille
1 EL Agavendicksaft
100 g Sojajoghurt

3 EL Mandelblättchen, geröstet

1. Für den Teig den Leinsamen in 50 ml Wasser 5 Minuten quellen lassen. Anschließend kräftig mit der Mandelmilch und dem Salz verrühren.

2. Amaranthmehl, Maisstärke und Vanille einrühren und für 30 Minuten in den Kühlschrank stellen.

3. Für das Kompott die Aprikosen entkernen, die Zitrone heiß waschen und in Scheiben schneiden.

4. Die Früchte mit der Zimtstange, der Zitronenmelisse und dem Wasser aufkochen und auf kleiner Hitze ca. 15 Minuten köcheln lassen, bis die Aprikosen weich gegart sind. Zimtstange, Zitronenscheiben und Melisse entfernen. Nach Geschmack mit Agavendicksaft süßen.

5. Für die Füllung die eingeweichten Cashewkerne abgießen und pürieren. Vanille, Agavendicksaft und Sojajoghurt dazugeben und verrühren.

6. Die Pfannkuchen in etwas Öl bei mittlerer Hitze ausbacken und warm stellen.

7. Die warmen Pfannkuchen mit der Creme füllen, mit den gerösteten Mandelblättchen bestreuen und mit dem Kompott servieren.

Tipp: Anstelle von Aprikosen kann man auch Kirschen verwenden, die ebenfalls eine entgiftende Wirkung im Lymph- und Blutsystem zeigen.

Gojibeeren-Brei mit Apfel-Topping

Gojibeeren sind die Früchte des Bocksdorns. Sie haben ihren festen Platz in der Traditionellen Chinesischen Medizin und gewinnen auch hierzulande mehr und mehr an Bedeutung, da sie viele Vitamine und Antioxidantien enthalten.

1000 ml Reismilch (optional Hafermilch)
1 Prise Salz
100 g Gerstenflocken
100 g Dinkelflocken
40 g Gojibeeren (davon 1 EL für Garnitur)
1 EL Agavendicksaft
2 Bananen
Saft einer Zitrone
2 kleine Äpfel

1. Die Reismilch mit dem Salz aufkochen, die Getreideflocken einrühren und die Hitze stark reduzieren. Unter ständigem Rühren 10 Minuten köcheln lassen. Vom Herd nehmen, die Gojibeeren dazugeben und zugedeckt ca. 15 Minuten ziehen lassen. Mit Agavendicksaft süßen.

2. Die Bananen schälen, würfeln, mit Zitronensaft beträufeln und umrühren.

3. Die Äpfel in Stücke schneiden.

4. Den Brei mit den Bananen vermischen, in Schälchen füllen und mit den Gojibeeren und den frischen Apfelstücken anrichten.

Tipp: Wer nur eine der beiden Sorten Getreideflocken zu Hause hat, verwendet hiervon einfach die doppelte Menge.

Power-Nuss-Müsli

Die ungesättigten Fettsäuren in Nüssen leisten einen positiven Beitrag bei der Fettverbrennung, der Senkung des Cholesterinspiegels und der Stabilisierung des Blutzuckerwerts.

30 g Macadamianüsse
30 g Haselnüsse
30 g Pinienkerne
30 g Sonnenblumenkerne
10 g Sesam
50 g Dinkelflocken
50 g Kokosflocken
4 EL Agavendicksaft
1 Apfel
3 Mandarinen
etwa 400 g blaue Trauben
Saft einer Zitrone
400 g Joghurt
Pfefferminzblätter für die Dekoration
Sojajoghurt, ungesüßt

1. Den Backofen auf 200 °C vorheizen, das Backblech mit Backpapier belegen.

2. Die Macadamia- und Haselnüsse grob hacken und mit den Pinien- und Sonnenblumenkernen sowie dem Sesam mischen.

3. Die Nüsse und Samen mit den Dinkel- und Kokosflocken und dem Agavendicksaft vermengen und die Masse auf das Backblech streichen.

4. m Backofen auf der obersten Schiene ca. 10 Minuten rösten. Ab und zu wenden. Auskühlen lassen und wenn nötig mit einem Kochlöffel zerbröseln.

5. Den Apfel in Stifte und die Mandarinen in Filets schneiden, die Trauben halbieren und das Obst 5 Minuten im Zitronensaft marinieren. Das Nuss-Müsli mit dem Joghurt und den marinierten Früchten anrichten und mit den Minzblättern garnieren.

Tipp: Wer es basisch möchte, sollte das Sojajoghurt durch ein Mandelmilchjoghurt ersetzen.

Feigen-Birnen-Joghurt

150 g Cashewkerne
½ TL Vanille
1 TL Agavendicksaft
50 g Pinienkerne
4 Feigen, frisch
2 Birnen
Saft einer Limette
400 g Sojajoghurt

1. Die Cashewkerne über Nacht in Wasser einweichen.

2. Mit frischem Wasser abspülen und mit dem Stabmixer oder in der Küchenmaschine pürieren. 3–4 EL Wasser dazugeben, das Püree sollte eine sämige Konsistenz haben.

3. Mit Vanille und Agavendicksaft verfeinern.

4. Die Pinienkerne in einer beschichteten Pfanne ohne Fett rösten und auskühlen lassen.

5. Die Feigen achteln, die Birnen würfeln und mit dem Limettensaft beträufeln.

6. Von dem Obst ein wenig für die Garnitur beiseite stellen, den Rest auf vier Dessertschalen verteilen und das Cashew-Püree jeweils locker unterheben.

7. Den Sojajoghurt darübergeben und mit den restlichen Obststücken sowie den Pinienkernen garnieren.

Mehrkernknäckebrot mit warmen Paprika-Papaya-Würfeln

In diesem Paprikagemüse finden sich viele basische Zutaten wieder - Papaya, Paprika, Chilischote, Ingwer, Tomate und Pfeffer entfalten ihre alkalische Wirkung.

Brot:
120 g feines Dinkelmehl
120 g Dinkelflocken
200 g Kerne-Mix (ungesalzen)
1/2 TL Salz
2 EL Sonnenblumenöl
500 ml Wasser

Paprikagemüse:
100 g Papaya
3 Paprika (rot, grün, gelb)
½ kleine Chilischote
1 cm Ingwer, fein gehackt
1 EL Olivenöl
1 TL Ahornsirup
100 ml Tomatensaft (optional passierte Tomaten)
Salz, Pfeffer

1. Für das Knäckebrot alle Zutaten in eine Schüssel geben und quellen lassen. Zwei Backbleche mit Backpapier belegen und die noch recht flüssige Masse dünn ausstreichen.

2. Den Backofen auf 170 °C vorheizen und das erste Blech auf mittlerer Schiene etwa 15 Minuten vorbacken. Dann herausnehmen und die Teigplatte in Rechtecke schneiden. Erneut in den Ofen geben und ca. 45 Minuten fertigbacken. Mit dem zweiten Blech ebenso verfahren.

3. Die Papaya schälen und grob würfeln. Die Paprika mit einem Sparschäler schälen, halbieren und die Kerne, Trennwände und Stiele entfernen. Die Hälften würfeln. Die Chilischote entkernen und sehr fein hacken, den geschälten Ingwer ebenso fein hacken.

4. Das Olivenöl zusammen mit dem Ahornsirup erhitzen und Paprika, Papaya, Chili und Ingwer dazugeben. Alles bei reduzierter Hitze unter Rühren köcheln lassen.

5. Den Tomatensaft langsam angießen. Wenn das Paprikagemüse eine sämige Konsistenz hat, mit Salz und Pfeffer kräftig würzen.

Karotten-Gratin mit frischen Kräutern

Abgesehen davon, dass Karotten in den unterschiedlichsten Zubereitungsformen einfach köstlich schmecken, sind ihre sekundären Pflanzenstoffe ein riesengroßes Plus in Hinblick auf unsere Gesundheit. Unser Körper kann aus dem darin enthaltenen Beta-Carotin Vitamin A herstellen, was uns vor Krebs schützt.

70 g Cashewkerne
125 ml Wasser
1 kg Karotten (möglichst große)
10 g Ingwer
2 EL Agavendicksaft
1 EL Thymianblätter
½ TL Muskatnuss, gemahlen
Salz, Pfeffer
2 EL Kokosraspel
etwas Rapsöl für die Auflaufform
1 Handvoll frische Kräuter (Petersilie, Minze)

1. Die Cashewkerne über Nacht in Wasser einweichen. Mit klarem Wasser abspülen und mit 125 ml Wasser pürieren. Eventuell etwas Wasser nachgießen, bis die Konsistenz der Cashew-Sahne dickflüssig ist.

2. Die Karotten schälen und schräg in hauchdünne Scheiben schneiden. Den Ingwer schälen, fein hacken und mit dem Agavendicksaft verrühren.

3. Die Cashew-Sahne mit Thymian und Muskatnuss verrühren, salzen und pfeffern. Die Kokosraspel untermengen.

4. Den Backofen auf 180 °C vorheizen. Eine Auflaufform mit dem Öl ausstreichen und die Karottenscheiben dachziegelartig darin auslegen. Mit dem Agaven-Ingwersirup beträufeln.

5. Die Karotten mit der Kokos-Cashew-Sahne übergießen und das Gratin ca. 30 Minuten auf mittlerer Schiene backen. Die Oberfläche sollte leicht gebräunt sein.

6. Mit den gehackten Kräutern bestreuen und sofort servieren.

Kürbiswedges mit Apfel-Meerrettich-Dip

Was den wenigsten bekannt ist, der Kürbis ist ein Beeren-Gewächs und in mehr als 800 Sorten auf unserem Planeten zu finden. Sowohl das Fruchtfleisch als auch die Kerne werden gerne in der Küche verwendet, um wohlschmeckende und wohltuende Mahlzeiten zuzubereiten. Die antioxidativen Wirkstoffen machen das Immunsystem stark und die Ballaststoffe helfen beim Ausleiten von Giftstoffen und Senken des Blutzuckerspiegels.

Wedges:
2 EL Grapefruitsaft, frisch gepresst
2 EL Olivenöl
1 kg Kürbis (Butternuss oder Hokkaido)
6 – 7 EL Mandeln, gehackt
1 TL Ingwer, gehackt
¼ TL Muskat, gemahlen
1/2 TL Salz
1 Msp. Chili

Dip:
2 – 3 Äpfel (je nach Größe)
2 EL Meerrettich, fein gerieben
40 g Mandeln
50 ml Apfelessig mit 2 EL Wasser
Salz, Peffer

1. Den Grapefruitsaft mit dem Öl verrühren. Den Kürbis halbieren, von Kernen und Stielansatz befreien, schälen (entfällt beim Hokkaido) und in ca. 2 cm dicke Spalten schneiden. Mit der Grapefruitmarinade bestreichen.

2. Den Backofen auf 180 °C Umluft vorheizen. Zwei Backbleche mit Backpapier auslegen und die Kürbisspalten darauf verteilen. Die Bleche zusammen in den Backofen schieben und circa 12 – 15 Minuten backen, dabei die Kürbisspalten gelegentlich vorsichtig wenden.

3. Die Mandeln mit Ingwer, Muskat, Salz und Chili mischen und beiseite stellen.

4. Für den Dip die Äpfel schälen, achteln, vom Kerngehäuse befreien und in etwas Wasser dünsten (gerade so viel, dass das Obst nicht anbrennt). Die weichen Äpfel durch ein Sieb streichen und mit dem Meerrettich vermengen. Die Mandeln mit kochendem Wasser übergießen und 5 Minuten darin einweichen lassen. Dann in ein Sieb schütten und kalt abbrausen. Die Häutchen abziehen und die Mandeln anschließend fein hacken. Mit dem verdünnten Essig zur Apfel-Meerrettich-Masse geben und mit Salz und Pfeffer abschmecken.

5. Die Kürbiswedges aus dem Backofen nehmen und mit der Mandel-Gewürzmischung vermengen. Nochmals 5 Minuten backen und sofort mit dem Dip servieren.

Pikante Hirseküchlein mit Gemüse-Obst-Mousse

Küchlein:
300 g Kartoffeln, roh
150 g Hirse, fein gemahlen
150 g Gerste, fein gemahlen
1 Pckg. Weinsteinbackpulver
1 TL Salz
1 Msp. Chili, gemahlen
½ EL Majoran, getrocknet
1 Msp. Thymian, getrocknet
ca. 150 ml Wasser
1 EL Öl
2 EL Sonnenblumenkerne zum Bestreuen
etwas Öl und Mehl

Mousse:
1 Handvoll Spinatblätter
½ Salatgurke
½ Paprika, rot
½ Apfel
½ Orange
½ Chilischote
Wasser
Salz, Pfeffer
1 TL Leinöl

1. Für die Küchlein die Kartoffeln schälen und grob raspeln.

2. Hirse- und Gerstenmehl mit Backpulver, Salz und Chili sowie den Kräutern vermischen.

3. Den Backofen auf 180 °C vorheizen. Das Wasser mit dem Öl verrühren und mit den Kartoffeln und der Mehl-Mischung rasch zu einem Teig verkneten. Falls nötig, noch etwas Wasser dazugeben.

4. Die ofenfesten Förmchen mit Öl ausstreichen und bemehlen. Den Teig etwas mehr als halbhoch in die Förmchen füllen. Mit Sonnenblumenkernen bestreuen.

5. Die Küchlein auf dem Rost auf der mittleren Schiene 30 Minuten backen. Auskühlen lassen und aus der Form nehmen.

6. Für die Mousse den Spinat, die Gurke, die Paprika und den Apfel waschen. Die Gurke in grobe Stücke schneiden. Die Paprika halbieren, den Stielansatz entfernen und von den Kernen und Trennwänden befreien. Den Apfel halbieren und das Kerngehäuse entfernen. Die Orange schälen und in grobe Stücke schneiden. Alles gut mit dem Stabmixer pürieren, nach Bedarf etwas Wasser hinzugeben.

7. Die Mousse mit Salz, Pfeffer und Leinöl verfeinern und zu den Küchlein reichen.

Grünkernbuletten mit Kräuterdip

Grünkern ist früh geernteter Dinkel, der im Anschluss geröstet und getrocknet wird. Er gilt als leicht verdaulich und vielseitig einsetzbar. Mehrere B-Vitamine, hoher Eiweiß- und Eisengehalt sind besondere Stärken von ihm.

Buletten:
30 g Sonnenblumenkerne
450 ml Gemüsebrühe
200 g Grünkernschrot
1 Zwiebel
2 Knoblauchzehen
1 Bund Radieschen
1 Bund Schnittlauch
½ kleine Chilischote
1 EL Pfeilwurzelstärke
Salz, Pfeffer
2 EL feine Haferflocken
Rapsöl zum Braten

Kräuterdip:
250 ml Sojaoghurt
2 Knoblauchzehen, gehackt
1 Bund Petersilie
1 Stängel Thymian, gehackt
1 Stängel Majoran, gehackt
Salz, Pfeffer

1. Die Sonnenblumenkerne über Nacht in Wasser einweichen. Anschließend mit frischem Wasser abspülen und pürieren.

2. Die Brühe aufkochen, den Grünkernschrot einrühren und 15 – 20 Minuten kochen lassen. Gegebenenfalls überschüssige Flüssigkeit abgießen und den Grünkernschrot abkühlen lassen.

3. Zwiebel und Knoblauchzehen schälen und fein hacken. Die Radieschen waschen und in mittelfeine Würfel schneiden. Den Schnittlauch in Röllchen schneiden. Die Chilischote entkernen und sehr fein hacken.

4. Den Grünkernschrot mit dem Gemüse und der Stärke vermengen, salzen und pfeffern. Das Sonnenblumenkern-Püree und die Haferflocken dazugeben und verkneten. (Sollte die Masse zu feucht sein, einfach mehr Haferflocken verwenden.) Acht Buletten formen und in etwas Rapsöl rundum knusprig braun braten.

5. In der Zwischenzeit für den Dip den Sojajoghurt mit Knoblauch und Kräutern verrühren und mit Salz und Pfeffer abschmecken.

6. Die Buletten mit dem Kräuterdip servieren.

Buntes Kichererbsen-Gulasch

Kichererbsen haben so viele Eigenschaften, die sich positiv auf unseren Körper und unsere Gesundheit auswirken, dass sie mindestens ein- bis zweimal wöchentlich auf unserem Speiseplan stehen sollten.

300 g Kartoffeln, festkochend
1 Zwiebel, rot
4 Knoblauchzehen
1 kleine Chilischote, rot
3 Paprika, rot, grün, gelb
2 Strauchtomaten
3 EL Olivenöl
300 g Kichererbsen (aus der Dose, abgetropft)
100 g Kidneybohnen (aus der Dose, abgetropft)
1 EL Rotweinessig
3 EL Paprikapulver, edelsüß
1 TL Bohnenkraut, getrocknet
1 EL Majoran, getrocknet
1 Lorbeerblatt
ca. 300 ml Gemüsebrühe (alternativ Wasser)
Salz, Pfeffer
1 Bund Petersilie

1. Die Kartoffeln in leicht gesalzenem Wasser bissfest garen. Auskühlen lassen und pellen.

2. In der Zwischenzeit die Zwiebel und den Knoblauch schälen und in Ringe bzw. Scheiben schneiden.

3. Die Chilischote und die Paprika waschen, die Stielansätze, Kerne und Trennwände entfernen. Die Chili fein hacken, die Paprika in mundgerechte Stücke teilen.

4. Die Tomaten kreuzweise einschneiden und kurz in kochendes Wasser legen. Dann mit kaltem Wasser abschrecken, häuten und vierteln.

5. Das Olivenöl erhitzen, die Zwiebel und den Knoblauch darin goldbraun anbraten. Chili und Paprika dazugeben, kurz mitbraten, dann die Kichererbsen und Kidneybohnen untermengen. Unter Rühren weitere 5 Minuten braten. Mit dem Essig ablöschen und das Paprikapulver unterrühren. Die getrockneten Kräuter und das Lorbeerblatt dazugeben und mit 200 ml Brühe (oder Wasser) aufgießen. Bei verringerter Hitze die Flüssigkeit ca. 5 Minuten lang einkochen lassen.

6. Die Kartoffeln grob würfeln und zusammen mit den Tomaten zu dem Kichererbsen-Gulasch geben und unterrühren. Gegebenenfalls mit weiterer Gemüsebrühe aufgießen. Das Lorbeerblatt entfernen und das Gulasch mit Salz und Pfeffer kräftig würzen. Mit gehackter Petersilie bestreuen.

Wildreis mit Schmorgemüse und Gewürzapfel

200 g Wildreis
200 g Karotten
2 Petersilienwurzeln
1 Stange Staudensellerie
4 kleine Rote Beten
1 Stange Lauch
12 sehr kleine Schalotten (oder 6 größere)
1 EL Koriandersamen
30 g Ingwer
3 EL Olivenöl
Salz, Pfeffer
2 mittelgroße Äpfel
300 ml Apfelsaft
4 Nelken, ganz
1 kleine Zimtstange

1. Den Reis gemäß der Anleitung auf der Verpackung in leicht gesalzenem Wasser kochen.

2. Das Gemüse putzen und schälen bzw. gründlich waschen. Die Karotten und Petersilienwurzeln längs halbieren, die Selleriestange schräg in Stücke schneiden, die Rote Beten halbieren, den Lauch halbieren und der Länge nach teilen. Die Schalotten schälen und vierteln.

3. Den Backofen auf 180 °C vorheizen. Das Backblech mit Backpapier auslegen. Das Gemüse grüppchenweise darauf verteilen

4. Die Koriandersamen in einer beschichteten Pfanne ohne Öl rösten, dann im Mörser zerstoßen. Den Ingwer schälen und sehr fein hacken. Koriander und Ingwer mit dem Olivenöl verrühren und mit Salz und Pfeffer abschmecken. Das Gemüse mit dem Koriander-Ingwer-Öl beträufeln. Ca. 15 – 20 Minuten im Backofen schmoren, das Gemüse dabei immer wieder wenden.

5. Die Äpfel waschen, halbieren und die Kerngehäuse entfernen. Den Apfelsaft mit den Nelken und der Zimtstange aufkochen, die Apfelhälften hinzugeben und 5 Minuten köcheln lassen. Vom Herd nehmen und weitere 10 Minuten ziehen lassen. Die Apfelhälften herausnehmen und auf einen Teller legen. Den Apfelsaft mitsamt der Gewürze auf ein Drittel einkochen lassen, die Gewürze anschließend entfernen.

6. Das Schmorgemüse mit den Gewürzäpfeln und dem Reis anrichten, den eingekochten Apfelsaft dazureichen.

Quinoa-Risotto mit gebratenem Fenchel

Risotto:
500 ml Sojamilch, ungesüßt
2 TL Weißweinessig
1 TL Zitronensaft
1 Zwiebel
3 Knoblauchzehen
250 g Quinoa
½ Bund Spargel, weiß
2 EL Olivenöl
750 ml Gemüsebrühe
½ Bund Petersilie
3 EL Mandeln, gerieben

Salz, Pfeffer
1 Zitrone (Zesten)

Fenchel:
1 Fenchelknolle (mit Grün)
2 EL Olivenöl
1 TL Agavendicksaft
4 EL Orangensaft
Salz, Pfeffer
2 Orangen
10 Walnusskerne
1 große Tomate

1. Für das Risotto die Zwiebel und die Knoblauchzehen schälen und fein hacken. Das Quinoa im Sieb mit kaltem Wasser abspülen, bis das abtropfende Wasser klar ist. Den Spargel putzen, von den harten Teilen befreien und in 1 cm große Stücke schneiden.

2. Das Olivenöl in einer Bratpfanne erhitzen, Zwiebel und Knoblauch darin glasig dünsten. Das Quinoa unterrühren und mit so viel Brühe aufgießen, dass alles bedeckt ist. Bei reduzierter Hitze köcheln lassen, bis die Brühe fast verkocht ist. Immer wieder etwas Brühe nachgießen, dabei gut umrühren.

3. Nach 10 Minuten Kochzeit die Spargelstücke unterrühren und wieder Brühe nachgießen. Das Risotto bissfest köcheln lassen.

4. Die Petersilie hacken. Mandeln und den veganen Frischkäse unter das Risotto rühren. Mit Salz und Pfeffer abschmecken und mit der Petersilie und den Zitronenzesten garnieren. Für das Fenchelgemüse den Fenchel putzen und das Fenchelgrün beiseitelegen. Die Knolle der Länge nach halbieren, den harten Strunk keilförmig herausschneiden und die Knollenhälften längs in Scheiben schneiden. Das Olivenöl erhitzen, die Fenchelscheiben darin beidseitig anbraten.

5. Agavendicksaft und Orangensaft mit Salz und Pfeffer würzen und über den Fenchel gießen. Ca. 2 Minuten garen lassen.

6. Die Orangen schälen und filetieren. Die Walnusskerne grob zerkleinern und die Tomate achteln.

7. Das Risotto mit den Fenchelscheiben zusammen anrichten und mit Orangenfilets, Walnüssen, Tomatenspalten sowie dem Fenchelgrün garnieren.

Wirsing-Oliven-Pfanne

700 g Wirsing
300 g Zwiebeln, rot
3 Knoblauchzehen
120 g Tomaten, getrocknet in Öl
20 schwarze Oliven, entsteint
2 EL Olivenöl
4 Stängel Oregano (optional 1 EL getrocknet)
1 TL Chiliflocken
Salz, Pfeffer

1. Den Wirsing putzen, vierteln und den Stunk keilförmig herausschneiden. In Streifen schneiden und in einem Sieb waschen. Abtropfen lassen.

2. Die Zwiebeln und Knoblauchzehen schälen und in Ringe bzw. Scheiben schneiden.

3. Vom Tomatenöl 2 EL abnehmen, die Tomaten grob hacken.

4. Die Hälfte der Oliven mit dem Stabmixer pürieren, die andere Hälfte klein schneiden.

5. Das Olivenöl zusammen mit dem Tomatenöl in einer großen Bratpfanne erhitzen, Zwiebel und Knoblauch mit den Tomatenstücken darin anbraten. Immer wieder kräftig umrühren. Olivenpüree und Wirsing dazugeben und alles nochmals durchrühren. Den Oregano hinzufügen und das Pfannengemüse ca. 8 – 10 Minuten garen lassen.

6. Mit Chili, Salz und Pfeffer würzen und mit den Olivenstückchen garnieren.

Gefüllte Wirsingblätter

Wirsing zählt zu den basenbildenden Gemüsesorten und enthält Senfölglykoside, Vitamin C, mehrere B-Vitamine, Carotine, Chlorophyll und doppelt so viel Eiweiß, Eisen und Phosphor wie Weißkohl.

8 Wirsingblätter
5 Champignons
1 Zwiebel
3 Knoblauchzehen
16 Maronen, gekocht und geschält
400 g Räuchertofu
2 EL Olivenöl
½ Bund Petersilie, gehackt
Salz, Pfeffer
Zahnstocher

1. Die Wirsingblätter in kochendem Salzwasser blanchieren und kurz in kaltes Wasser tauchen. Mit Küchenpapier trocknen und mit etwas Öl bestreichen.

2. Die Champignons putzen und in dünne Scheiben schneiden.

3. Die Zwiebel und den Knoblauch schälen und zusammen mit den Maronen fein hacken.

4. Anschließend den Räuchertofu in kleine Würfel schneiden.

5. Den Backofen auf 200 °C Ober-/Unterhitze vorheizen.

6. Zwiebel, Knoblauch, Maronen und Räuchertofu in Olivenöl anbraten, dann Champignons und Petersilie dazugeben und alles in ca. 5 Minuten knusprig braten. Mit Salz und Pfeffer abschmecken.

7. Die Füllung gleichmäßig auf den Blättern verteilen und darin einwickeln. Die Wickel mit den Zahnstochern verschließen, auf das Backblech legen und auf mittlerer Schiene 5 – 10 Minuten anbräunen.

Rotes Curry mit Schwarzwurzeln

500 g Schwarzwurzeln
250 g Champignons
2 Karotten
2 Zucchini
2 Stangen Staudensellerie
2 EL Pflanzenöl
100 g Erdnüsse, grob gehackt
200 g Tofu, klein geschnitten
400 g Kokosmilch
1 TL Currypaste, rot
½ Bund Thai-Basilikum

1. Die Schwarzwurzeln schälen (Handschuhe verwenden!) und in Salzwasser legen. Die Champignons putzen und vierteln. Die Karotten schälen und in Scheiben schneiden. Die Zucchini waschen, längs vierteln und ebenfalls in Scheiben schneiden. Die Selleriestangen waschen und in etwa 5 mm dicke Stücke schneiden.

2. Die Schwarzwurzeln aus dem Salzwasser nehmen und in etwa 1 cm dicke Stücke schneiden.

3. Das Pflanzenöl in einer Pfanne erhitzen. Das Gemüse, die Erdnüsse und den Tofu dazugeben und alles eine Minute anbraten.

4. Mit Kokosmilch ablöschen und die Currypaste dazugeben, gut verrühren und 5 – 10 Minuten köcheln lassen.

5. Den Basilikum waschen und die Blätter abzupfen. Vor dem Servieren mit der anderen Hälfte der Basilikumblätter garnieren.

Tipp: Der Thai-Basilikum kann natürlich auch gegen Basilikum, Koriander oder Petersilie ausgetauscht werden.

Süßkartoffel-Minz-Suppe

Die Süßkartoffel hat großartige entzündungshemmende und antioxidative Wirkungsweisen vorzuweisen. Hinzu kommen große Anteile an Mangan, Folat, Kupfer und Eisen, sowie zahlreiche Vitamine (C, B2, B6, E und H) und hochwertige Ballaststoffe.

150 g Schalotten
3 Knoblauchzehen
600 g Süßkartoffeln
1 Apfel
2 EL Olivenöl
1300 ml Gemüsebrühe
½ Bund Pfefferminze
100 ml Sesamöl
125 ml Orangensaft
½ cm Ingwer, gerieben
100 ml Hafer-Cuisine
Salz, Pfeffer
Kümmel, gemahlen (optional)

1. Die Schalotten und den Knoblauch schälen und fein hacken. Die Süßkartoffeln schälen und wie den Apfel in grobe Würfel schneiden.

2. Das Olivenöl erhitzen, die Schalotten und denKnoblauch darin glasig dünsten. Die Süßkartoffel und Apfelwürfel dazugeben und ca. 2–3 Minuten mit anschwitzen. Die Brühe angießen und alles aufkochen lassen, die Temperatur zurückschalten und ca. 20 Minuten leicht köcheln lassen, bis die Süßkartoffeln gar sind. Eventuell noch etwas Wasser hinzugeben.

3. Die Minzblätter von den Stängeln zupfen, hacken und mit dem Sesamöl zu einer feinen Paste verrühren.

4. Orangensaft und Ingwer dazugeben.

5. Die Suppe pürieren, die Hafer-Cuisine hinzugeben, mit Salz, Pfeffer und Kümmel abschmecken und nochmals mit dem Stabmixer aufschäumen.

6. Auf vier Suppenteller verteilen und mit der Minzpaste beträufeln.

Apfel-Rettich-Salat

Rettich ist eine hervorragende Quelle für Kalium, Natrium, Magnesium, Kalzium, Phosphor, Eisen und Enzyme. Dazu kommen noch Vitamin C und einige B-Vitamine. Die darin enthaltenen Bitterstoffe haben eine antibiotische Wirkung und regen den Gallefluss an.

1 grüner Apfel
½ weißer Rettich
1 cm Ingwer
4 EL Erdnussöl
(alternativ Walnussöl)
4 EL Zitronensaft
100 g Erdnüsse,
geröstet und gesalzen
Minzblätter
Pfeffer

1. Den Apfel vierteln, das Kerngehäuse entfernen und die Viertel in dünne Spalten schneiden.

2. Anschließend den Rettich schälen und ebenso in dünne Scheiben schneiden. Den Ingwer schälen und sehr fein hacken.

3. Das Öl mit Zitronensaft und Ingwer verrühren.

4. 2 EL der Erdnüsse grob hacken. Die Apfelspalten und Rettichscheiben auf den Tellern verteilen, mit dem Dressing beträufeln und mit den gehackten und ganzen Erdnüssen bestreuen.

5. Mit den Minzblättern und dem Pfeffer garnieren.

Linsen-Grapefruit-Salat

Fenchel ist nicht nur reich an Vitaminen und Mineralstoffen, sondern beruhigt auch Magen und Darm und stärkt gleichzeitig das Immunsystem und die Zelltätigkeit. Grapefruits besitzen besondere antioxidative Eigenschaften und stärken durch ihre Flavonoide die Leber.

180 g Belugalinsen
1 Lorbeerblatt
3 Wacholderbeeren
3 Frühlingszwiebeln
1 kleiner Fenchel
1 Birne
2 Grapefruits
70 g Walnüsse
2 Salatherzen (Romana-Salat)
2 EL Agavendicksaft
2 EL Nussöl
2 EL Rapsöl
1 Zitrone (Saft und Schale)
3 EL Grapefruitsaft
Salz
Cayennepfeffer

1. Die Linsen mit dem Lorbeerblatt und den Wacholderbeeren gemäß der Anleitung auf der Verpackung kochen, etwas salzen und durch ein Sieb abgießen. Kalt abspülen.

2. Die Frühlingszwiebeln und den Fenchel putzen und in feine Scheiben schneiden.

3. Die Birne vom Kerngehäuse befreien und achteln.

4. Die Grapefruits schälen, dabei sorgfältig die weiße Haut entfernen, und filetieren. Die Filets auspressen (ca. 3 EL Saft).

5. Die Walnüsse grob hacken, den Salat waschen und trocken tupfen. Den Agavendicksaft mit Nuss- und Rapsöl, Zitronenschale, Zitronen- und Grapefruitsaft, Salz und Cayennepfeffer verrühren.

6. Die Grapefruitscheiben auf vier Teller verteilen und die Linsen, Frühlingszwiebeln, Birnenspalten, Fenchelscheibchen sowie den Salat darauf anrichten. Mit dem Dressing beträufeln und mit den Nüssen garnieren.

Fenchel-Petersilien-Suppe mit Passionsfrucht-Topping

Suppe:
2 Fenchel (ca. 500 g)
4 Petersilienwurzeln (ca. 400 g)
½ kleine Zwiebel
2 Knoblauchzehen
1 EL Pflanzenöl
1000 ml Gemüsebrühe
1 Lorbeerblatt
1 Prise Muskat
200 ml Soja-Cuisine
Salz Pfeffer

Topping:
1 Passionsfrucht
4 EL Sojajoghurt
etwas Salz und Pfeffer
Petersilie für die Dekoration

1. Die Fenchelknollen von den Strünken befreien, die Petersilienwurzeln schälen und alles in kleine Stücke schneiden.

2. Die Zwiebel und den Knoblauch schälen, fein würfeln und in einem großen Topf in dem Pflanzenöl anschwitzen.

3. Mit der Gemüsebrühe ablöschen, das Lorbeerblatt hinzufügen und ca. 30 Minuten köcheln lassen.

4. Das Lorbeerblatt wieder entfernen, Muskat und Soja-Cuisine dazugeben und mit dem Pürierstab pürieren, bis die Suppe eine cremige Konsistenz hat.

5. Für das Topping die Passionsfrucht halbieren und mit einem Teelöffel das Fruchtfleisch herauskratzen. Das Fruchtfleisch mit Sojajoghurt vermischen und mit Salz und Pfeffer würzen.

6. Die Suppe in tiefe Teller geben und das Topping darüber verteilen. Mit der Petersilie betreuen.

Tipp: Auch die marokkanische Gewürzmischung Ras el-Hanout harmoniert ausgezeichnet mit dieser Suppe.

Wer sehr strikt Kohlenhydrate einsparen will, sollte das Passionsfrucht- Topping streichen, auch wenn es besonders gut zu dieser Suppe passt.

Wurzelcarpaccio

Kümmel hat eine stark verdauungsfördernde Wirkung und wenn man ihn, wie in diesem Rezept nur im Blanchierwasser mitkocht, tritt sein doch sehr markanter Geschmack in den Hintergrund und verleiht dem Gemüse nur eine milde Würze (für all diejenigen, die keine Kümmelliebhaber sind).

½ TL Kümmel, gemahlen
2 TL Salz
2 Karotten
2 Pastinaken
1 schwarzer Rettich
250 g Sellerieknolle
1 Fenchel
1 rote Zwiebel
8 Champignons
1 Bund Petersilie
75 g Nüsse (Haselnüsse, Walnüsse)
Saft von 2 Zitronen
4 EL Kürbiskernöl
Salz, Pfeffer

1. In einem Kochtopf Wasser mit Kümmel und Salz zum Kochen bringen.

2. Karotten, Pastinaken, Rettich und Sellerie schälen und in dünne Scheiben schneiden. Den Fenchel der Länge nach in feine Scheiben schneiden. Die Zwiebel schälen und in Ringe schneiden. Die Champignons sauber bürsten und in sehr feine Scheiben schneiden.

3. Nacheinander alle Gemüsescheiben bis auf die Zwiebelringe und Pilze separat in ein Drahtsieb legen und ein paar Minuten in das kochende Wasser halten, um es zu blanchieren. Kalt abbrausen und auf einem Küchentuch abtropfen lassen.

4. Das Gemüse bunt gemischt auf dem Servierteller anrichten. Zwiebelringe und Champignons darauf verteilen.

5. Petersilie und Nüsse hacken.

6. Aus dem Zitronensaft mit dem Kürbiskernöl, Salz und Pfeffer eine Vinaigrette zubereiten und das Carpaccio damit beträufeln. Mit Petersilie und Nüssen bestreuen.

Tipp: Natürlich könnte man alle Zutaten auch roh verwenden, blanchiert sind sie jedoch etwas bekömmlicher.

Tomaten-Kürbis-Gazpacho

Rohe Tomaten und Kürbisse sind basenbildend und in der pürierten Form gut verdaulich. Ein wunderbares Gericht auch an heißen Spätsommertagen.

400 g Kürbis (Butternuss oder Hokkaido)
5 Strauchtomaten
400 ml Wasser
2 TL Agavendicksaft
50 ml Soja-Cuisine
2 EL Olivenöl
1 Spritzer Zitrone
Salz, Pfeffer

1. Den Kürbis waschen und putzen, halbieren und die Kerne entfernen.

2. Das Kürbisfleisch in kleine Stücke schneiden oder grob raspeln.

3. Die Tomaten waschen, vom Stielansatz befreien und ebenfalls in Stücke schneiden.

4. Das Gemüse mit den restlichen Zutaten in einen Mixer geben und ein paar Minuten pürieren.

5. Alles nochmals abschmecken und kalt servieren.

Spargel-Salat mit Radieschen

1 Bund Spargel
1 EL Zitronensaft
1 Rote Bete
8 Radieschen
½ Bund Petersilie
2 EL Rapsöl
3 EL Limettensaft
1 EL Apfelessig
Salz, Pfeffer
80 g Feldsalat

1. Den Spargel schälen, die harten Teile entfernen und die Stangen in 2 cm große Stücke schneiden. Mit dem Zitronensaft in leicht gesalzenes Wasser geben und bissfest garen. Den Spargel herausheben und kalt abspülen. Den Spargelsud einkochen lassen.

2. Gleichzeitig die Rote Bete in einem zweiten Topf in Wasser bissfest garen, dann kalt abschrecken, schälen und in 1 cm lange Stifte schneiden.

3. Die Radieschen waschen und in Stifte schneiden, dann mit den Rote-Bete-Würfeln und Spargel-Stücken mischen. Die Petersilie hacken.

4. 175 ml des Spargelsuds mit Petersilie, Rapsöl, Limettensaft und Essig verrühren, mit Salz und Pfeffer abschmecken und mit dem Stabmixer pürieren.

5. Den pürierten Sud behutsam mit der Spargel-Mischung vermengen.

6. In Schälchen verteilen und mit dem Feldsalat anrichten.

Tipp: Die Farbe der Roten Bete macht sich bei Gerichten sehr gut, auf den Händen jedoch nicht. Daher beim Schälen Handschuhe verwenden!

Misosuppe

Die basische Gemüsebrühe (siehe Rezept Seite 60) ist ein wichtiger Bestandteil einer Detox-Kur. Um ein bisschen mehr Abwechslung in den Speiseplan zu bringen, ist diese Misosuppe bestens geeignet. Wakame bzw. Nori sind basisch, Tofu und fermentierte Sojaprodukte in Bio-Qualität, wie z.B. auch Miso, zählen zu den guten Säurebildnern.

4 Shiitake-Pilze, getrocknet
2 EL Wakame-Algen (alternativ 1 Nori-Blatt)
1 Handvoll Zuckerschoten
2 Lauchzwiebeln
200 g Tofu
3 Knoblauchzehen
2 EL Pflanzenöl
1000 ml Gemüsebrühe
4 TL Miso
2 EL Sojasauce

1. Die Shiitake-Pilze etwa eine Stunde einweichen, dann kurz aufkochen lassen. Aus dem Wasser nehmen und in Streifen schneiden. Die Algen etwa 10 Minuten einweichen.

2. Zuckerschoten und Lauchzwiebeln waschen, die Lauchzwiebeln in Ringe schneiden. Den Tofu würfeln. Die Knoblauchzehen schälen und sehr klein schneiden.

3. In einem tiefen Topf das Öl erhitzen und den Knoblauch darin kurz andünsten. Mit der Gemüsebrühe ablöschen und leicht aufkochen lassen. Nun das Miso unterrühren.

4. Die Pilze, die Algen, den Tofu und das Gemüse dazugeben. Die Hitze stark reduzieren und die Suppe kurz durchziehen lassen (sie soll nicht weiter kochen).

5. Mit Sojasauce abschmecken.

Basische Gemüsesuppe

Der Klassiker für entschlackendes Basenfasten.

1 Zwiebel
2 Karotten
1 Pastinake
1 Fenchel
1 Brokkoli
2 EL Pflanzenöl
1000 ml Gemüsebrühe
1 Bund Petersilie

1. Die Zwiebel schälen und fein hacken. Die Karotten und die Pastinake schälen und in Scheiben schneiden. Den Fenchel und den Brokkoli waschen und in mundgerechte Stücke schneiden.

2. In einem Topf das Öl erhitzen, die Zwiebel dazugeben und 1 – 2 Minuten bei mittlerer Hitze anbraten.

3. Mit der Gemüsebrühe ablöschen. Aufkochen lassen, dann das geschnittene Gemüse dazugeben. Etwa 15 Minuten köcheln lassen.

4. Die Petersilie waschen, die Blätter abzupfen und in die Suppe geben.

Kokospudding mit Mango und Dattelglasur

500 ml Kokosmilch
½ EL Agavendicksaft
½ TL Vanille
1 Spritzer Zitronensaft
3 EL Kokosraspel
1 Mango
8 Datteln, entkernt (oder 5 Medjoul Datteln)

1. Die Kokosmilch in der Dose für ca. 3 Stunden in den Kühlschrank stellen. Danach den festen Teil herausschaben und zusammen mit Agavendicksaft, Vanille, Zitronensaft und Kokosraspel aufschlagen.

2. Die Mango schälen, vom Kern schneiden und die Hälfte des Fruchtfleischs pürieren.

3. Das restliche Fruchtfleisch in kleine Stücke schneiden.

4. Den Kokospudding auf vier Schälchen verteilen und das Mangopüree daraufgeben. Die Schälchen kühl stellen.

5. Die Datteln mit Wasser bedeckt in einer Pfanne aufkochen, dann die Hitze reduzieren und ca. 10 Minuten köcheln lassen. Nach dem Abkühlen vierteln oder in Streifen schneiden und auf das Mangopüree geben.

Himbeer-Limetten-Sorbet

Dieses Sorbet ist herrlich erfrischend und kann natürlich auch aus anderem, vorzugsweise basischem Obst zubereitet werden. Erdbeeren, Heidelbeeren, Mangos, Nektarinen, Pfirsiche, Honig- und Wassermelonen eignen sich dafür hervorragend und bringen leckere Abwechslung. Ein Plus von Himbeeren - ihnen wird eine antikarzinogene Wirkung nachgesagt.

250 g Himbeeren, frisch oder gefroren
Saft von 2 Limetten
100 ml Wasser
100 ml Kokoswasser
Agavendircksaft

1. Die Himbeeren waschen und mit dem Zitronensaft pürieren. Anschließend durch ein feines Sieb streichen, damit die kleinen Kerne zurückbleiben.

2. Das Himbeerpüree mit dem Wasser und dem Kokoswasser verrühren und bei Bedarf mit etwas Agavendicksaft süßen. In einem flachen Gefäß für insgesamt 8 Stunden in den Gefrierschrank stellen.

3. Erstmals nach 2 Stunden – anschließend stündlich – mit einer Gabel durchrühren. Zusätzlich zweimal zwischendurch in einem hohen Gefäß mit dem Stabmixer pürieren.

4. Direkt vor dem Anrichten nochmals pürieren, damit das Sorbet eine glatte und geschmeidige Konsistenz bekommt.

Gojibeeren-Nuss-Traum

Carotinoide, Vitamin C, B1 und B2, Mineralstoffe und Spurenelemente der Gojibeeren unterstützen aktiv das Immunsystem.

200 g Nüsse, gemischt
6 Medjoul-Datteln, entkernt
80 g Schokolade (80 % Kakao)
4 EL Gojibeeren
200 g veganes Vanilleeis

1. Die Nüsse mittelfein hacken und in einer beschichteten Pfanne ohne Öl unter Rühren rösten. Auskühlen lassen.

2. Die Datteln fein schneiden und die Schokolade mittelfein hacken.

3. Nüsse, Datteln, Gojibeeren und Schokolade behutsam miteinander vermischen.

4. Das Vanilleeis in vier Dessertschalen portionieren und die Nussmischung darüber verteilen.

Tipp: Medjoul-Datteln sind besonders süß und weich und auch deutlich größer als andere handelsübliche Sorten. Werden andere Datteln verwendet, nehmen Sie etwa die doppelte Menge und weichen sie vor der weiteren Verarbeitung in etwas Wasser ein.

Schoko-Chia-Cupcakes mit Früchten

Eine besondere Stärke von Chia Samen liegt in deren Fähigkeit, Säuren und Giftstoffe im Körper zu binden und auszuleiten.

100 ml Mandelmilch
1 TL Apfelessig
8 g Chia-Samen, gemahlen
50 ml Wasser
40 ml Rapsöl
50 g Ahornsirup
30 ml Orangensaft
100 g Dinkelvollkornmehl, fein gemahlen
½ TL Weinsteinbackpulver
½ TL Natron
1 Prise Salz
15 g Kakaopulver, roh
25 g Haselnüsse, gemahlen
½ TL Vanille
1 – 2 Kakis
1 Kiwi

1. Den Backofen auf 180 °C Ober-/Unterhitze vorheizen. Die Backförmchen einfetten und bemehlen.

2. Den Apfelessig in die Mandelmilch geben und 10 Minuten stehen lassen.

3. Die Chia-Samen 5 Minuten im Wasser quellen lassen, dann mit dem Öl verrühren und zusammen mit dem Ahornsirup und dem Orangensaft zu der gesäuerten Mandelmilch geben. Alles gut durchrühren.

4. Das Dinkelvollkornmehl mit dem Weinsteinbackpulver, dem Natron und dem Salz mischen.

5. Mit einem Löffel die Mehlmischung mit der vorbereiteten Flüssigkeit verrühren. Den Kakao, die Nüsse und die Vanille untermischen.

6. Den Teig in die vorbereiteten Förmchen füllen und auf mittlerer Schiene ca. 25 Minuten backen. In den Formen auskühlen lassen. Anschließend mit einem Messer an den Rändern entlangfahren und die Küchlein stürzen.

7. Die Kakis häuten und das Fruchtfleisch pürieren. Die geschälte Kiwi in Scheiben schneiden. Die Cupcakes mit dem Fruchtmus und den Kiwischeiben anrichten.

Pfeffriger Erdbeer-Pfirsich-Smoothie

250 g Erdbeeren
2 Stängel Pfefferminze
3 Pfirsiche
Saft einer Limette
400 ml Wasser
1 Msp. Cayennepfeffer
Agavendicksaft (nach Belieben)

1. Die Erdbeeren waschen und putzen.

2. Die Pfirsiche waschen und das Fruchtfleisch vom Stein schneiden.

3. Die Pfefferminze fein hacken.

4. Die vorbereiteten Zutaten mit dem Limettensaft und dem Wasser pürieren, bis die gewünschte Konsistenz erreicht ist.

5. Den Cayennepfeffer dazugeben und nochmals mixen.

6. Nach Belieben mit Agavendicksaft abschmecken.

Grapefruit-Karotten-Smoothie

1 Grapefruit
2 Karotten
1 Limette
1 cm Ingwer
Wasser nach Belieben
Agavendicksaft nach Belieben

1. Die Grapefruit schälen und in Stücke schneiden.
2. Die Karotten schälen und ebenfalls in Stücke schneiden.
3. Die Limette auspressen.
4. Den Ingwer schälen und in kleine Stücke schneiden.
5. Alles zusammen im Mixer pürieren und je nach gewünschter Konsistenz Wasser dazugeben.
6. Mit Agavendicksaft abschmecken.

Kokoswasser-Superdrink

½ Ananas
250 g Erdbeeren
500 ml Kokoswasser
4 Minzblätter
Agavendicksaft (nach Belieben)

1. Die Ananas schälen und in Stücke schneiden. Den harten Mittelteil entfernen und dafür etwas mehr vom saftigeren Fruchtfleisch verwenden.

2. Die Erdbeeren waschen und putzen.

3. Die Erdbeeren zusammen mit den Ananasstücken in den Mixer füllen, dann mit dem Kokoswasser aufgießen und die Minzblätter dazugeben. Alles pürieren, bis die gewünschte Konsistenz erreicht ist.

4. Nach Belieben mit Agavendicksaft abschmecken.

Rucola-Avocado-Smoothie

Rucola und Avocado harmonieren geschmacklich wunderbar miteinander. So ist dieser einfache, mild-cremige Smoothie mindestens ebenso lecker wie aufwendigere Rezepte mit vielen Zutaten.

100 g Rucola
2 Avocados
Wasser (nach Belieben)

1. Den Rucola waschen.

2. Die Avocados schälen. Das Fruchtfleisch vom Kern lösen und klein schneiden.

3. Rucola und Avocado im Mixer oder mit dem Pürierstab zu einem cremigen Smoothie mixen.

4. Je nach gewünschter Konsistenz Wasser dazugeben.

Açaibeeren-Lassi

125 g Blaubeeren
500 g Sojajoghurt
200 ml Açaibeeren-Saft
Agavendicksaft (nach Belieben)

1. Die Blaubeeren waschen.

2. Die Beeren zusammen mit dem Sojajoghurt und dem Açaibeeren-Saft pürieren, bis die gewünschte Sämigkeit erreicht ist.

3. Nach Belieben mit Agavendicksaft süßen.

Ingwer-Limetten-Tee

2 cm Ingwer
2 Limetten
1000 ml Wasser
Agavendicksaft (nach Belieben)

1. Den Ingwer schälen und in Scheiben schneiden.

2. Die Limetten entsaften.

3. Ingwerscheiben und Limettensaft in ein hitzebeständiges Gefäß geben und mit kochendem Wasser aufgießen.

4. 10 Minuten ziehen lassen, damit sich das Ingwer- Aroma vollständig entfalten kann.

5. Nach Geschmack mit Agavendicksaft süßen.

Gurken-Sellerie-Smoothie mit Leinsamen

8 Stangen Staudensellerie
2 EL Leinsamen
Saft einer halben Limette
Chilipulver nach Geschmack
Agavendicksaft (nach Belieben)

1. Die Gurken schälen und in Stücke schneiden.

2. Den Staudensellerie waschen, von den holzigen Enden befreien und in Stücke schneiden.

3. Gurke und Staudensellerie mit dem Limettensaft im Standmixer oder mit dem Stabmixer pürieren. Den Leinsamen und das Chilipilver dazugeben und nochmals mixen.

4. Nach Belieben mit Agavendicksaftf abschmecken.

Tipp: Dieser Smoothie besticht durch seine fluffige Konsistenz und seinen frischen Geschmack. Eisgekühlt schmeckt er am besten!

Beeren-Vitaminkick-Smoothie

150 g Himbeeren
150 g Cranberries
150 g Brombeeren
150 g Heidelbeeren
2 TL Gojibeeren, getrocknet
Agavendicksaft (nach Belieben)

1. Alle Früchte waschen. Alternativ können auch tiefgekühlte Beeren verwendet und unaufgetaut verarbeitet werden.

2. Die Beeren mit den getrockneten Gojibeeren pürieren, bis die gewünschte Sämigkeit erreicht ist.

3. Nach Belieben mit Agavendicksaft abschmecken.

Zitronengras-Eistee

2 Stangen Zitronengras
1000 ml Wasser
4 Beutel grüner Tee
Saft einer Zitrone
Agavendicksaft (nach Belieben)

1. Das Zitronengras der Länge nach halbieren und mit dem Messerrücken leicht zerdrücken.

2. Wasser zum Kochen bringen. Die Teebeutel und das Zitronengras damit übergießen und etwa 5 Minuten ziehen lassen.

3. Die Teebeutel entfernen und den Tee mitsamt Zitronengras in den Gefrierschrank stellen, bis er eiskalt ist.

4. Das Zitronengras herausnehmen, den Zitronensaft dazugeben und nach Geschmack mit Agavendicksaft süßen.

5. Mit Eiswürfeln servieren.

Minzlimonade

1 Stange Zitronengras
1 Bund Pfefferminze
1000 ml Wasser
Saft von 2 Zitronen
Agavendicksaft (nach Belieben)
4 Stangen Zitronengras für die Deko

1. Das Zitronengras in kleine Scheiben schneiden und in ein hitzebeständiges Gefäß geben. Die Pfefferminze waschen und mitsamt der Stängel zu den Zitronengrasscheiben geben. Einige Minzblätter zur Seite legen.

2. Das Wasser in einem Topf erhitzen und Minze und Zitronengras damit überbrühen. Den Aufguss abkühlen lassen. Die Pfefferminze (nach Belieben auch das Zitronengras) entfernen und den frisch gepressten Zitronensaft dazugeben.

3. Mit Agavendicksaft abschmecken.

4. Die übrigen frischen Minzblätter in Gläser geben, mit der Limonade auffüllen und nach Belieben mit Zitronengras garnieren. Gut gekühlt, am besten mit Eiswürfeln, genießen.

Register

Impressum

Kreuzstraße 21, 13187 Berlin-Germany
www.neunzehn-verlag.de
1. Auflage 2016
ISBN 978-3-942491-71-6
Printed 2016 in Germany
Rezepte: Gerda Maria Pum
Fotografie: all images © Arnold Pöschl
www.arnoldpoeschl.com
Satz: Clara Gilod
www.claragilod.com
Illustrationen: Lea Rommel
www.learommel.de

Hinweis

Die Inhalte dieses Buches wurden vom Autor nach bestem Wissen erstellt und mit größtmöglicher Sorgfalt recherchiert. Sie bieten keinen Ersatz für kompetenten medizinischen Rat. Die Empfehlungen in diesem Buch erfolgen ohne jegliche Gewährleistung oder Garantie seitens des Verlages oder des Autors. Weder Autor noch Verlag können für eventuelle Nachteile oder Schäden, die aus den im Buch gegebenen Hinweisen resultieren, eine Haftung übernehmen.